벼랑 끝에 선 생명

집필: 이승원

공동 참여: 박찬주, 우성호, 김진호

예영커뮤니케이션

행하는 그리스도인 시리즈 6 - 생명윤리

벼랑 끝에 선 생명

엮은이 · 기윤실 신학위원회
초판 1쇄 찍은날 · 2005년 1월 3일
초판 1쇄 펴낸날 · 2005년 1월 10일
펴낸이 · 김승태
출판본부장 · 김춘태
편집/표지디자인 · 김규혜, 김혜진
등록번호 · 제2-1349호(1992. 3. 31)
펴낸곳 · 예영커뮤니케이션
　　　　　110-616 서울 광화문 우체국 사서함 1661
　　　　　출판유통사업부 T. (02)766-7912 F. (02)766-8934 E-mail: jeyoungsales@chol.com
　　　　　출판사업부　　 T. (02)766-8931 F. (02)766-8934 E-mail: jeyoungedit@chol.com
　　　　　홈페이지　　　 www.jeyoung.com

ISBN 89-8350-341-6　　03230

값 2,500원

■ 잘못 만들어진 책은 언제든지 교환해 드립니다.

차 례

책을 내면서

　최근의 한국 사회는 극심한 양극화 현상에 시달리고 있습니다. 동남 및 서남아시아와 동구권을 비롯한 제3 세계 국가들의 노동자들에게 동경의 대상이 될 만큼 국제화되고 커진 경제 규모, IT초강국이라고 불릴 만큼 컴퓨터, 인터넷, 휴대폰 등의 급속한 발전, 세계 정상권에 진입해 있는 자동차 생산기술과 능력, 생명공학계에서의 눈부신 발전상, 아시아권을 석권하기 시작한 대중문화 등으로 오늘날 한국 사회의 물질문화 수준은 양적으로나 질적으로 황금기를 맞고 있습니다.

　그러나 다른 한편으로, 이처럼 고도로 발달하고 있는 물질문화는 깊은 그늘을 드리우고 있는데, 그것은 연약하고 소외된 자들의 생명을 벼랑 끝으로 내모는 것으로 나타나고 있습니다. 자기 힘으로 자기 생명을 보호할 능력이 없는 배아와 태아들이 허술한 실정법의 틈을 이용하여 대량으로 살해당하고 있습니다. 명백한 배아살해를 진행했는데도 세계 최초로 시도했다는 이유 하나만으로 온 나라의 찬사를 받는 비윤리적인 생명공학자가 있는가 하면, 공식적인 통계만으로도 한 해에 2백만 건이 넘는 세계 최고의 낙태율을 보이고 있습니다. 성적 비관, 사업 실패, 경제적 곤경, 사회적 명예의 실추 등과 같이 이전에는 자살 사유가 되지 않던 것들이 이제는 자살을 결행하는 통상적인 이유들로 제시되기 시작했고, 자살률은 걷잡을 수 없이 늘어나고 있습니다. 암 환자의 수가 급격히 늘어나면서 안락사의 유혹이 잠재적으로 점점 더 커지고 있습니다. 사회의 도덕이 무너져 내리고 상대화되면서 범죄는 날로 흉포화되고 엽기적인 살인이 늘어나고 있는데, 사형 제도를 비롯한 사법권은 더욱더 약화되어 가고 있습니다.

이와 같은 우리 사회의 현실은 그리스도인들로 하여금 생명을 다루는 행동 전반에 대하여 성경적이고 기독교적인 세계관에 근거한 윤리적 반성을 요청하고 있습니다. 이 요청에 부응하여 기독교윤리실천운동 소속 신학위원회에서는 생명윤리 문제 전반에 걸쳐서 성경과 기독교 세계관의 토대 위에서 그룹 별로 공부하고 토의하는 것을 돕기 위한 성경공부 교재를 마련했습니다. 이 교재는 신학위원회에서 기획한 기독교윤리 성경공부 교재 시리즈 일곱 권 중에서 여섯 번째 시리즈입니다. 기독대학생들과 청년들을 주요 대상으로 하고 있지만 장년 성도들을 위한 공부와 토의 교재로도 활용할 수 있도록 꾸몄습니다.

이 교재를 제작하는 과정에는 IVF 간사인 박찬주 자매, 기윤실 간사인 유성희 자매와 김진호 목사의 헌신적인 협력이 있었습니다. 세 분은 지난 6개월 동안 서울역 신청사 Food Court에서 2~4주마다 한 차례씩 만나 토론하는 과정에서 매우 유익한 권고와 아이디어를 제공했습니다. 성경공부와 윤리실천운동의 현장에서 사역해 온 이분들의 권고와 제안은 책의 내용과 표현을 더욱 쉽고 현장감 있는 것으로 만드는 데 도움을 주었습니다. 아무쪼록 이 작은 책자가, 이 땅의 기독청년들과 기독교인들이 생명윤리에 관련된 문제들을 기독교적인 관점에서 이해하는 안목을 기르고 생명의 소중함을 일깨우는 작은 도구로 사용되기를 바랍니다.

2004년 6월 21일
기윤실 신학위원장
생명윤리 교재 담당팀장 이상원 씀

제1과
벼랑 끝에 선 생명

들어가기

　제1과는 현대 첨단의학의 영역에서 일어나는 윤리적인 문제들에 대한 공부와 토론에 들어가기에 앞서서, 이 문제들의 배경에 깔려 있는 세계관과 이 세계관에 대응하는 기독교적 세계관을 소개함으로써 생명윤리 문제들을 더욱 넓고 깊게 파악하는 안목을 준비시키는 데 그 목적이 있습니다. 다음에 제시한 기사는 오늘날 한국 사회에서 일어나고 있는 생명과 관련된 문제의 일단을 보여 주고 있습니다.

　저출산으로 인해 출산장려정책을 추진하는 가운데 최근 저출생체중아, 미숙아 문제가 사회 문제로 등장하고 있습니다. 출생 시 체중이 2.5kg 이하로 37주 미만에 태어난 신생아를 말하는 미숙아는 전체 신생아 50여만 명 가운데 7~8퍼센트인 4만여 명으로 추정되고 있는데, 이는 사회적 무관심 속에서 가중되는 가정의 경제적 부담으로 인해 여러 가지 문제점들이 노출되고 있기 때문입니다. 가장 대표적인 것은 막대한 치료비로 인해서 치료를 포기하는 자의퇴원 문제입니다. 미숙아의 상태에 따라 치료비는 천차만별인데, 1kg 미만 또는 1.5kg 미만으로 태어난 신생아의 경우에 수천만 원대의 엄청난 치료비가 들지만 정부에서 지원되는 금액은 최대 3백만 원에 불과한 실정이어서, 치료비 부담으로 인해 가족들이 병원의 암묵적 동의 아래 미숙아들을 자의적으로 퇴원시키는 경우가 은밀하게 발생하고 있기 때문입니다. 초기에 집중적인 치료가 필요한 미숙아들을 퇴원시킨다는 것은 사실상 치료를 포기하는 행위이며, 실제로 70~80퍼센트가 사망에 이를 수밖에 없는 만큼 치료를 마치지 않은 미숙아의 퇴원은 사실상 살인행위에 가깝습니다. 그래서 생명윤리 차원에서도 선진국의 사례처럼 법적으로 자의퇴원을 금지해야 한다는 지적이 나오고 있습니다. 그러나 자식은 가슴에 묻는다는 말처럼 가정형편으로 인해서 치료를 포기하는 부모의 심정을 고려한다면 그 책임을 가족의 탓으로 돌릴 수 없다는 주장도 만만치 않습니다. 퇴원을 해도 짧게는 2~3년에서 5~6년까지 정기검진과 보호가 필요한 상황에서 국가 차원의 의료비 지원 확대와 치료시설 확보, 미숙아 발생을 줄이기 위한 조사와 연구지원 등 국가의 적극적인 대책이 시급하다는 주장입니다.

(http://hotissue.media.daum.net/subject/200405/29)

　미숙아를 희생시키는 관행이 빈번하게 발생하는 원인에는 어떤 것들이 있을까요? 이 기사를 중심으로 하여 각자의 의견을 말해 봅시다.

유물론의 지배를 받는 현대 세계

1. 현대인들은 하나님이나 영적인 세계를 인정하지 않고 모든 것을 물질들 간의 상호작용으로 설명하는 데 익숙해져 있습니다. 예를 들면, 사랑은 인격적인 교제가 아니라 사랑을 하게 만드는 유전자가 켜지면 나타나는 생물학적 현상이라거나, 화학적 요소들이 작용한 결과로서 나타난 화학적 현상이라고 설명하곤 합니다. 현대인들은 눈에 보이는 물질적인 세계와 물질적인 가치가 전부라고 생각합니다. 우리의 개인적인 신앙생활이나 교회생활 속에서 물질적인 세계와 물질적인 가치가 인간의 존재나 생활의 전부라고 생각하는 태도에는 어떤 것들이 있는지 의견을 나누어 봅시다.

....

....

....

기독교적 세계관: 창조-타락-구속의 틀

모든 세계 현상을 물질적 차원에서만 설명하고자 하는 현대인의 태도와 기독교적 세계관은 어떻게 다른지 알아봅시다.

2. **(진화론적 우주론과 창조론)** 오늘날의 생물학계와 의학계는, 생명체는 우연하게 이루어진 진화의 과정에서 생성되었다는 진화론적 우주론의 가설을 객관적인 진리라고 전제하고 연구와 논의를 진행하고 있습니다. 이와는 대조적으로 창세기 1장 1절에서는 세계와 생명체가 어떻게

해서 존재하게 되었다고 말하고 있습니까?

시편 24편 1절을 읽으십시오. 이 본문은 세계 안에 있는 모든 것이 누군가의 소유물이라고 말하고 있습니까? 그렇다면 인간의 생명도 누군가의 소유물일까요? 이와 같은 태도를 전제로 할 때, 예컨대 인간의 생명을 인간이 자의로 종결시키는 낙태, 안락사, 자살 등에 대하여 우리는 어떤 평가를 내릴 수 있을까요?

3. **(유물론적 인간관과 성경적 인간관)** 현대인들은 인간이 물질로만 구성되어 있으며, 물질 상호간의 생물학적 · 물리적 · 화학적 상호작용으로 다 설명할 수 있다는 신념을 가지고 있습니다. 이 관점을 유물론이라고 합니다. 그러나 창세기 2장 7절은 이와 같은 인간관이 잘못된 인간관임을 보여 줍니다. 창세기 2장 7절에 나타난 인간관과 유물론의 인간관은 어떻게 대조되는지 말해 보십시오.

4. **(인간은 하나님의 형상)** 인간은 하나님의 형상대로 창조되었다고 창세기 1장 26-28절이 말하고 있습니다. 인간이 하나님의 형상대로 창조되었다면 인간의 생명에 손상을 가하는 행동은 어떤 행동이라고 봐야 할까요? 예를 들면, 어떤 미술가가 혼신의 힘을 쏟아 부어 그린 그림이 있습니다. 지나가던 관객이 이 그림을 형편없는 것이라고 조롱하면서 찢어 버렸다고 가정해 봅시다. 이 광경을 그림을 그린 미술가가 바로 옆에서 보았습니다. 이때 미술가의 심정이 어떨까요? 그렇다면 하나님의 작품인 인간의 생명이 위해를 당할 때 하나님이 느끼시는 마음은 어떨까요?

5. **(분자생물학과 선악과)** 오늘날의 정신의학과 심리학 등에서는 인간 안에 인간이 통제할 수 없는 선천적인 어떤 충동이 있어서 이 충동이 발동하면 인간은 필연적으로 죄를 범하게 된다고 주장하고 있고, 분자생물학에서는 인간은 유전자에 내장된 정보의 발현에 따라 수동적으로 움직이는 존재라고 주장하고 있습니다. 이와 같은 주장들은 모두 인간이 도덕적 존재임을 거부하고 있습니다. 다시 말하면 인간에게는 자유로운 선택의 능력이 있고 따라서 자신의 행동에 대하여 책임질 수 있는 존

재임을 거부하고 있는 것이지요. 그렇다면 성경은 인간의 죄에 대하여 어떻게 설명하고 있는지 알아봅시다. 창세기 2장 16-17절, 창세기 3장 1-19절을 읽으십시오. 아담과 하와는 자유로운 선택에 의하여 선악과를 따먹었나요, 그렇지 않은가요? 하나님은 아담과 하와의 행동에 대하여 책임을 물으셨나요, 묻지 않으셨나요? 이 사건에 근거하여 생각해 볼 때, 현대 일부 정신의학이나 분자생물학의 관점과 성경의 관점은 어떻게 다릅니까?

6. **(고통은 형벌인 동시에 하나님의 은혜)** 아담과 하와가 죄를 범한 이후에, 남자는 얼굴에 땀을 흘려야 식물을 먹을 수 있게 되었고, 여자는 산고의 고통을 거쳐야만 아기를 낳을 수 있게 되었습니다. 그런데 이 고통은 하나님의 형벌이기도 하지만 타락한 세상에서 살아가야 하는 인간을 위한 하나님의 은혜로운 배려이기도 합니다. 이 두 가지 조치가 어떤 점에서 인간의 삶에 가장 유익한 질서가 될 수 있는지 의견을 나누어 봅시다.

우리의 생활 속에서 고통이 우리에게 주는 유익은 무엇인지 말해 봅시다.

7. 예수 그리스도께서 십자가에 달려 죽으셨다가 살아나심으로써 인간들
   이 죄와 죄의 결과로부터 구원받는 길이 열리기 시작했습니다. 예수님
   은 죄 사함을 통한 영혼의 회복뿐만 아니라 육체적인 질병의 치유에도
   많은 시간을 쏟으셨습니다. 그렇다면 육체적 질병의 치유를 위하여 노
   력하는 의료인의 치료행위에 대하여 내릴 수 있는 평가는 무엇입니까?

   영혼뿐만 아니라 육체의 완전한 회복이 마지막 심판의 날에야 비로소
   가능하다는 사실은 의료행위의 목적 또는 그 한계에 대하여 어떤 교훈
   을 주고 있습니까?

나가기

 오늘날 인간의 생명이 벼랑 끝의 위기에 처하게 된 세계관적 차원에서의 이유는 모든 것을 물질로만 설명하고 물질적인 가치만을 추구하는 유물론 때문입니다. 그러나 기독교적 세계관은 인간은 결코 물질로만 구성된 존재 이거나 물질적인 가치만을 추구하는 존재가 아니라, 물질로 환원될 수 없는 영혼을 지닌 신비로운 존재이며 하나님의 형상을 지닌 도덕적 존재라고 말 함으로써 인간 생명의 존엄성을 극히 높게 평가하고 있습니다. 인간은 타락 한 이후에도 여전히 하나님의 형상을 지닌 존재입니다. 인간을 영혼을 지닌 존재요, 하나님의 형상을 지닌 존재라고 말하는 기독교적 세계관만이 인간 생명의 존엄성을 드높이는 이념의 역할을 할 수 있습니다. 이 말은 곧 기독 교 세계관으로 무장된 기독교인들이 진정한 의미에서 생명을 지키는 생명 지킴이의 소명을 담당할 수 있음을 뜻합니다.

제2과
생명의 직각자

들어가기

제1과에서는 생명윤리 문제들의 토론 배경을 형성하는 세계관에 대하여 알아보았습니다. 이 과에서는 생명윤리 문제들에 대하여 판단하고 논의할 때 어떤 기준들이 동원되는지 알아봅시다.

최근 "여호와의 증인"이라는 종교 단체에서 성경 말씀이 제시하고 있는 "살인하지 말라"는 계명을 지키기 위하여 병역을 거부해 온 관행에 대하여 그 동안 유죄판결을 내려 온 관행을 깨고 일부 지방법원이 무죄판결을 선고함으로써 파문이 일고 있다. 한편에서는 헌법에 보장된 양심의 자유에 근거하여 마땅히 병역거부권을 존중해 주어야 한다고 주장하는 반면, 다른 한편에서는 국민의 희생을 전제로 한 의무징병 제도 하에서 병역거부권을 인정해 주는 것은 형평에 어긋나는 특혜 조치라는 이유로 반대하고 있다. 이 종교 단체는 이 밖에도 "피를 먹지 위의 사례에서 보면 문제가 된 종교를 신봉하는 사람들이 일정한 판단기준에 따라서 행동하고 있음을 볼 수 있습니다. 그 기준들은 무엇입니까?

판단기준을 윤리학에서는 규범(norm)이라고 합니다. 규범이라는 말은 옛날 중세시대 때 목수들이 쓰던 직각자(norma)에서 유래한 말입니다. 목수들이 제품을 만들고 난 후에 직각자를 가져다가 대 보면서 규격대로 제대로 만들어졌는지 평가하던 것처럼, 생명을 다루는 인간의 행동을 판단할 때도 판단기준인 규범이 필요합니다.

기독교인으로서 규범에 대하여 생각할 때 자연스럽게 성경에서 제시하는 규범이 무엇인지를 생각하게 됩니다. 그러면 성경이 우리에게 제시한 규범에는 어떤 것들이 있는지 알아봅시다.

성경이 제시한 규범들

1. **(예수님의 마음)** 마태복음 14장 14절을 읽으십시오. 예수님은 어떤 마음으로 병자를 고쳐 주셨습니까? 이와 같은 예수님의 마음이 오늘날 의료인들에게 주는 교훈은 무엇입니까?

2. **(사랑의 대강령)** 그리스도인의 삶의 대원칙인 사랑의 대강령이 마태복음 22장 37-40절에 있습니다. 사랑(아가페)이란 '사랑할 만한 대상이 아닌 사람을 사랑할 만한 대상인 것처럼 간주하고 사랑하는 태도'를 뜻합니다. 환자가 처해 있는 사정을 생각해 봅시다. 환자가 왜 '사랑할 만한 대상이 아닐' 수밖에 없으며, 환자를 다루는 자들에게 사랑(아가페)이 요구되는 이유가 무엇인지 이야기해 봅시다.

여러분 대부분은 가족이나 가까운 사람들 중에 있는 환자와 관계를 가져 본 경험이 있을 것입니다. 여러분이 환자를 대했을 때 가졌던 느낌이나 태도 등을 나누어 봅시다.

3. **(황금률)** 황금률로 알려진 또 하나의 그리스도인의 삶의 대원칙이 마태복음 7장 12절에 나타나 있습니다. 이 원칙은 무엇인가요? 의사가 환자를 진료할 때 이 원칙을 적용한다면 어떤 태도로 환자를 진료하라는 뜻이 될까요?

오늘날 병원에서 의료인들이 환자를 대하는 태도에 대하여 겪은 경험들을 나누면서 의료계의 문제점이 있다면 무엇인지 토의해 봅시다. 또 우리가 환자를 대할 때 위의 원칙대로 대한 경험이 있다면, 또는 이 원칙대로 대하지 못한 경험이 있다면 나누어 봅시다.

4. **(제6 계명)** 출애굽기 20장 13절은 짧지만 생명윤리 문제들을 판단할 때 가장 중요한 규범이 되는 구절입니다. 무엇인가요? 이 규범에 비추어 볼 때 낙태, 영아살해, 안락사, 자살, 배아복제 등에 대하여 어떤 예비적인 평가를 내릴 수 있습니까?

적용에 신중을 기해야 할 성경상의 지침

5. 이 과를 시작할 때 제시된 사례를 다시 생각해 봅시다. 레위기 7장 26 - 27절에 있는 말씀인 "피를 먹지 말라"는 말씀과 사도행전 15장 20, 29절에 있는 "피를 멀리하라"는 명령을 받아들여 수혈을 거부하는 사람들이 있습니다. 이런 행동은 성경에 있는 명령을 바르게 적용하고 있는 것일까요? 의견을 나누어 봅시다.

■ ■ ■ 성경에는 시대와 장소를 초월하여 적용되어야 할 보편적이고 절대적인 도덕적인 규범들이 있습니다. 1-4번 질문에서 소개한 규범들이 이에 해당합니다. 그러나 성경에는 현대 그리스도인들이 적용에 주의해야 할 규범들도 있습니다. 이 규범들에는 두 가지 유형이 있는데, 하나는 의식법이고

다른 하나는 시민법입니다.

의식법은 모세오경에 주로 기록된 법으로서 장차 오실 예수 그리스도를 예표하기 위하여 기록되었으며, 예수 그리스도의 오심과 더불어 더는 문자적으로 적용될 필요가 없는 법입니다. 제사법, 절기법, 정결음식법, 질병에 관한 규례들, 성막과 제사장 복식에 관한 법 등이 여기에 해당합니다.

시민법은 이스라엘이라는 특수한 신정사회의 정치(70인 장로 제도 및 천부장, 백부장, 십부장으로 편성된 행정조직) 및 경제 제도(희년법), 그리고 십계명을 어긴 자들에 대한 형량을 규정한 일종의 민법, 형법, 상법으로 구성되어 있는데, 이 법들도 오늘날에는 문자 그대로 지킬 필요가 없습니다. 피를 먹지 말라는 규정은 첫째로 의식법에 속해 있고, 둘째로 수혈이 의료행위인 반면에 식사관습의 일환이었으며, 셋째로 수혈 여부가 생사와 직결된 반면에 피를 먹지 않는 행위는 생명에 직결된 문제가 아니라는 점 등을 고려하면 이 문제를 판단할 때 도움이 될 것입니다.

일반적인 규범들

성경은 구원의 길과 구원받은 인간이 세상에서 살아가는 데 필요한 일반적인 도덕적 강령을 제시하기 위하여 기록된 책입니다. 그러나 성경이 기록되던 시대에는 상상할 수조차 없었던 현대의 첨단 의료와 생명공학의 현실 속에서, 성경은 모든 윤리적인 문제들을 판단하는 데 필요한 구체적인 기술적 지침까지 제시하지는 않습니다. 후자는 일반 학문의 도움을 받아야 합니다.

일반 학문에서 나온 구체적인 기술적 지침들은 인간의 이성적 판단이나 경험에서 얻은 것들입니다. 인간의 정신기능은 인간이 타락한 이후에도 그 기능을 발휘하지만, 죄로 말미암아 왜곡되어 있기 때문에 제 기능을 발휘하지 못할 때도 있습니다. 이 점 때문에 일반 학문에서 얻은 지침들은 윤리 문제들을 판단할 때 도움이 되기도 하지만 지침들 그 자체가 문제가 될 때도 있습니다. 이 점은 생명윤리 문제들을 판단할 때도 예외가 아닙니다. 따라서 일반 학문에서 얻은 지침들을 성경이 제시하는 규범들의 빛 안에서 비판적으로 수용하는 것이 필요합니다.

5. (a)란에 생명윤리 문제들에 대하여 토론할 때 필요한 여덟 가지 일반적인 윤리적 지침들을 열거했습니다. 그리고 각 항목들마다 바른 판단을 하는 데 도움이 되는 경우와 판단을 왜곡시키는 경우들을 하나씩 (b)란에 제시했습니다. (b)란에 있는 사례들은 어떤 윤리적인 지침들과 관련이 있는지 말하고, 관련 지침이 바른 판단을 하게 한 지침인지, 아니면 판단을 왜곡시킨 지침인지 말해 보십시오.

(a)

* 공리의 원칙: 동기나 과정을 무시하고 최대 다수에게 최대의 행복을 가져오는 행동을 정당한 행동으로 인정하는 원칙
* 의무의 원칙: 어떤 법규를 공정하게 준수하는 행동을 정당한 행동으로 인정하는 원칙
* 자연법의 원칙: 자연을 지배하는 질서에 부합하는 행동을 정당한 행동으로 인정하는 원칙
* 자율의 원칙: 개인의 자율적 권리의 요구를 충족시켜 주는 행동을 정당한 행동으로 인정하는 원칙
* 공동선의 원칙: 사회의 공공이익에 부합하는 행동을 정당한 행동으로 인정하는 원칙
* 인애의 원칙: 상대방에 대한 인애의 표현을 정당한 행동으로 인정하는 원칙
* 상황주의의 원칙: 한 가지 사례에서 행위자에게 유익했다고 판단된 행동을 비슷한 모든 사례들에 적용하는 원칙
* 정의의 원칙: 공정한 분배를 가능하게 하는 행동을 정당한 행동으로 인정하는 원칙

(b)

1. 특별한 일이 없는 한 진료는 병원에 온 순서대로 제공해야 한다.

2. 병원의 예산을 배정할 때 단가가 비싸지 않고 환자들이 많이 걸리는 질병을 치유하기 위한 약제의 구입에 예산을 배정하는 것이 일반적으로 바람직하다.

3. 어느 한 경우에 안락사를 실시했더니 반응이 좋았다. 이 사례를 모든 비슷한 사례에 적용하여 안락사를 확대 실시하였다.

4. 의사는 언제나 사회의 공익을 염두에 두면서 진료활동을 해야 한다.

5. 환자가 안락사를 요구할 때는 환자의 권리를 존중해야 한다.

6. 의사는 환자의 질병에 주목하기보다는 환자를 한 사람의 인간으로 따뜻하게 대하는 마음을 지녀야 한다.

7. 응급환자가 들어왔는데도 의사는 진료 순서를 지킬 것을 요구했다.

8. 심장병 수술을 한 환자의 입원일수와 맹장수술을 한 환자의 입원일수가 같다면 진료비는 동등하게 책정되어야 한다.

9. 성 전환 수술은 자연적인 성 질서를 거스르는 행동이므로 거부되어야 한다.

10. 원치 않은 아기를 가진 임산부의 사정이 매우 딱한 것을 발견한 의사가 낙태시술에 동의했다.

11. A국의 의사 일인당 담당 환자수가 50명인데 비하여, B국의 의사 일인당 담당 환자수가 1,000명이라면 공정치 못한 일이다.

12. 모든 형태의 인공적인 피임방식은 자연 질서를 거스르므로 피해야 한다.

13. 환자가 자신이 받을 수술에 대한 정보를 요청할 경우에 의사는 충분히 설명해 주어야 한다.

14. 사회의 공익을 위해서라면 한 개인의 건강은 희생되어도 된다.

15. 수정란이 인간이라는 원칙이 하나의 사례에 적용될 수 있다면 모든 사례에 확대 적용되어야 한다.

16. 늙고 회복이 느린 환자보다는 젊고 회복이 빠른 환자를 항상 우선적으로 진료한다.

나오기

예수님이 병자들을 긍휼히 여기신 것처럼 우리는 환자들을 긍휼히 여기는 마음으로 대해야 합니다. 환자들에게는 아가페의 사랑이 필요한데, 왜냐하면 환자들은 어느 면으로 보나 사랑을 받을 만한 대상이 아니기 때문입니다. 또 우리는 환자들의 입장에 서 보는 훈련을 통하여 환자의 고통을 이해하려고 노력해야 합니다. 더욱이 인간의 생명을 보호하는 사명을 지닌 의술이 인간의 생명을 파괴하는 목적으로 사용되고 있지는 않은지 예의 주시해야 합니다. 우리는 성경이 제시한 절대적인 도덕적 규범들의 빛 안에서 일반 학문 연구를 통하여 발견한 구체적인 지침들을 비판적으로 받아들이고 효율적으로 활용함으로써, 생명윤리 문제들에 대한 바른 판단을 할 수 있도록 훈련되어야 합니다.

제3과
태아도 인간이다

들어가기

　제1과와 제2과에서는 구체적인 생명윤리 문제들을 다루는 데 필요한 토대에 관하여 공부했습니다. 제3과부터는 구체적인 문제 중심의 공부와 토론이 시작됩니다. 인간의 생명에 관련된 문제들은 생활 전반에 걸쳐서 제기될 수 있습니다. 그러나 생명윤리에서 쟁점이 되는 문제들은 인간의 생명이 경계선상(the borderline situation)에 처해 있을 때와 관련되어 있는 경우가 많습니다. 경계선상에 있다는 말은 인간이 자기 생명을 스스로 유지하거나 보호하기가 어려운 상태에 처해 있다는 뜻입니다. 인간의 생명은 두 경우에 가장 취약한 상태에 들어가게 됩니다. 하나는 생명이 태어나는 시점이고, 다른 하나는 노화 때문이든 아니면 질병 때문이든 생명이 종결되는 시점입니다. 제3과에서는 인간의 생명이 태어나는 시점과 관련하여 제기되는 문제들에 관하여 공부합니다.

　다음에 제시된 묘사는 수정 후 7일째 되는 태아에 관한 묘사입니다.

그 어린 녀석은 끈질긴 목적을 가지고 환경과 운명을 장악하여 부드러운 자궁 내막에 뿌리를 내리고, 생리학적 능력을 나타내며, 어머니의 월경을 멈추게 한다. 여기는 앞으로 270일 동안 살아야 할 자신의 집이므로 살기 좋은 환경을 갖기 위해 태아는 태반을 만들고 자신을 위해 양수를 막으로 보호한다. 태아는 서로 피부를 이식할 수도 없고 상대방에게서 안전하게 수혈 받을 수도 없는 면역학적 이방인으로서, 어머니와 자신의 동종 이식의 문제를 혼자서 해결하는 눈부신 업적을 남기며 병체결합(살아 있는 동물의 둘 또는 그 이상의 개체가 신체의 일부에서 서로 결합되어 있는 상태)의 형태로 10개월을 잘 견딘다.

우리는 이 아기가 부력으로 둥둥 떠 있거나, 세상에서 유쾌하고 평안하며 만족스럽게 움직이고 있을 뿐 아니라, 자신이 편한 대로 자세를 잡는다는 사실을 알고 있다. 아이는 아픈 감각, 닿는 감각, 추위, 소리 및 빛에 반응한다. 아이는 자기가 살고 있는 양수를 마시는데, 이것을 인위적으로 달게 하면 많이 마시고 반대로 하면 맛없는 표정을 짓는다. 태아는 딸꾹질도 하고 엄지손가락도 빤다. 또 잠자기도 하고 깨기도 한다. 태아는 반복되는 신호에 지루해하지만 다른 신호를 보내면서 잠깐 동안 정신 차리도록 가르칠 수도 있다. 마침내 태아는 확실하게 자신의 생일을 결정하며, 산고의 시작을 전적으로 혼자서 결정한다.

이것이 우리가 알고 있는 태아이며 우리 역시 한때 그러한 모습의 태아였다. 또 이것이 현재 우리가 산부인과에서 진찰하고 돌보는 태아이며, 바로 그 아이를 출생 전이나 후에 보살피고 있다. 이들은 태어나기 전에도 질병에 걸릴 수 있으며, 다른 환자들과 마찬가지로 진단받고 치료받을 필요가 있다.

(윌키 부부, 『낙태』, 정진용 역, 80-81쪽.)

이 묘사는 태아도 인간임을 묘사하고 있습니다. 이 묘사에 나타난 어떤 특징들이 태아가 인간임을 보여 주는지 말해 봅시다.

....

....

....

....

....

인간의 생명은 언제 시작되는가?

1. (생명의 시작점) 인간의 생명이 시작되는 시점과 관련하여 제기되는 생
   명윤리 문제들을 판단할 때 가장 중요한 관건은 인간의 생명이 언제 시
   작되는가 하는 것입니다. 다음에 명시한 본문을 읽고 질문들에 답해 보
   세요.

   다윗은 시편 51편 5절에서 태중에 있는 자기 자신을 무엇이라고 칭하고
   있습니까?

   ....

   ....

   ....

   누가복음 1장 41절과 44절에서는 태중에 있는 세례 요한을 무엇이라고
   칭하고 있습니까?

누가복음 1장 46절과 47절에서는 태중에 있는 예수님을 무엇이라고 칭하고 있습니까?

이 호칭들의 공통점은 모두 인격적 주체들을 지칭하는 표현이라는 것입니다. 이처럼 태중의 전 과정에 있는 태아에게 이런 표현들을 사용하고 있다는 사실에 근거하여 생각할 때, 수정란이 형성된 이후의 태아를 인간으로 보는 것이 바른 생각인가요, 아니면 신체의 장기 가운데 일부로 보는 것이 바른 생각인가요?

■ ■ ■ 수정란의 시점부터 하나님의 형상으로 창조된 존엄한 인간이라는 명제는 기독교인들이 생명윤리 문제들을 판단할 때 반드시 전제해야 할 사도신경적인 신앙의 조항이며, 모든 판단의 출발점으로서 극히 중요합니다.

이 명제에 바탕을 두지 않은 모든 관점은 기독교적인 관점인지 의심해 보아야 합니다.

2. **(종주의)** 종주의(specism)라는 이론에 의하면 자아의식, 자기절제, 미래/과거의식, 타인과 관계를 맺는 능력, 타인에 대한 관심, 의사소통, 호기심 등과 같은 인간의 도덕적인 정신기능이 나타나야 인간으로 볼 수 있다는 전제 하에, 이런 기능들을 보여 주지 못하는 태아는 올챙이와 방불한 동물들과 같은 차원의 한 종에 지나지 않는다고 합니다. 이 같은 관점에서 태아의 신분을 판단할 경우에 나타나는 문제점이 무엇인지 의견을 나누어 봅시다.

....

....

....

....

3. (뇌파설과 원시선설) 뇌파설에 따르면 인간의 인간 됨은 뇌의 작용 여부에 달려 있다고 보고, 뇌가 활동을 시작하는 시기인 수정 후 2~3개월경을 인간생명체의 시작 시점으로 봅니다. 또 원시선이론에 따르면 척추선이 검은 선으로 감지되기 시작하는 시점인 수정 후 14일경을 인간생명체가 시작되는 시점으로 봅니다. 이와 같은 입장을 받아들일 경우 태아의 신분을 판단할 때 야기될 수 있는 문제점이 무엇입니까?

....

....

....

....

낙태

　낙태란 여성의 태 안에서 자라나고 있는 생명을 인위적인 방법으로 종결시키는 행동을 가리킵니다. 우리나라는 공식적으로 알려져 있는 연간 낙태 건수만도 200만 건을 육박하는 낙태천국으로서, 우리나라 인구의 6배가 넘는 미국의 공식 낙태건수와 비슷하며, 연간 15,000건에 달하는 본국인 낙태 건수를 보이고 있는 네덜란드와 비교조차 할 수 없을 정도로 낙태가 성행하는 국가입니다.

4. **(모자보건법)** 우리나라를 낙태천국으로 만든 원인 가운데는 우리나라의 관계 법규도 한몫을 하고 있습니다. 우리나라의 모자보건법 14조 1항에 따르면 다섯 가지 경우에 인공임신중절수술을 할 수 있도록 규정하고 있습니다. 관련 규정들은 다음과 같습니다.

> (1) 본인 또는 배우자가 대통령령이 정하는 우생학적 또는 유전학적 정신장애나 신체질환이 있는 경우
> (2) 본인 또는 배우자가 대통령령이 정하는 전염성 질환이 있는 경우
> (3) 강간 또는 준강간으로 임신된 경우
> (4) 법률상 혼인할 수 없는 혈족 또는 인척 간에 임신된 경우
> (5) 임신의 지속이 보건의학적 이유로 모체의 건강을 심히 해하고 있거나 해할 우려가 있는 경우

이 법조문들이 내포하고 있는 문제점은 무엇인지 말해 봅시다.

4. **(강간으로 인한 임신)** 어떤 여성이 강간을 당하여 본인이 원하지 않는 임신을 했다고 가정해 봅시다. 이 여성이 아이를 출산하는 경우 그녀의 장래에 찾아올 불이익을 고려하여 임신중절수술을 하는 것이 정당한 행동인지에 대하여 의견을 나누어 봅시다. 이 여성이 아기를 낳을 경우에 여성과 아기에게 찾아올 불이익을 최소화할 수 있는 방안에는 어떤 것들이 있습니까?

5. **(산모의 생명인가, 태아의 생명인가)** 어떤 여성이 임신을 한 뒤에 자궁에 중대한 병이 있음을 발견하고 수술이 필요한 상황에 처하게 되었다고 가정해 봅시다. 여성을 살리기 위하여 수술하면 아이가 죽을 위험이 있고, 아이를 살리기 위하여 수술을 하지 않으면 여성이 죽을 위험이 있습니다. 여러분이 이러한 경우에 처한다면 어떤 결정을 내리시겠습니까? 의견을 나누어 봅시다.

피임

6. **(피임의 방법들)** 낙태를 예방하는 방법들 가운데 하나는 피임입니다. 피임은 정자와 난자가 만나서 수정이 되지 못하도록 인위적인 조치를 취하는 것을 뜻합니다. 피임에는 여러 가지 종류가 있습니다.

첫째로, 자연주기를 이용하는 방법이 있습니다. 이 방법의 문제는 자연주기 계산을 정확하게 하기가 어려워서 실패율이 매우 높다는 점입니다.

둘째로, 콘돔이나 루프 같은 기구를 이용하는 방법이 있습니다. 콘돔의 경우에는 찢어지거나 액체가 흘러나올 수 있다는 단점이 있습니다.

셋째는, 피임약을 복용하는 방법이 있습니다. 피임약 복용은 대체로 안전합니다만 상시 복용해야 하고 사람에 따라서 부작용이 있을 수 있습니다.

넷째로, 여성이 난관수술을 하는 경우가 있는데, 이 경우에는 전신마취를 해야 하고 수술 부위도 깊이 들어가야 하며 통증이 있다는 점에서 문제가 있습니다. 남성의 경우에는 정관수술을 할 수 있는데, 수술도 극히 간단하고 부작용이 없으며 영구피임이 가능하다는 장점이 있습니다. 아이를 더 이상 가지지 않을 경우에는 정관수술이 가장 안전한 피임법입니다.

피임이 필요한 상황에는 어떤 경우들이 있는지 이야기해 보고, 여러분이 만일 피임을 한다면 선택하고 싶은 방법과 그 이유가 무엇인지 나누어 봅시다.

7. **(사후피임약)** 사후피임약(morning pill)은 성 관계 직후에 복용함으로써 수정란이 만들어지기 전에 정자와 난자를 죽이거나 만들어진 수정란이 착상하는 것을 예방하기 위하여 먹는 피임약입니다. 사람들이 사후피임약을 복용했을 때 찾아오는 현실적인 유익에는 어떤 것들이 있는지 의견을 나누어 보고, 이런 현실적인 유익이 있는데도 사후피임약을 복용해서는 안 되는 이유가 무엇인지 말해 봅시다.

8. **(산아제한)** 창세기 1장 28절에는 "생육하그 번성하여 땅에 충만하라"는 명령이 있습니다. 이 명령에 비추어 볼 때 피임 행위는 하나님의 명령에 반하는 행위가 아닌가요? 로마 가톨릭 교회에서 주장하는 것처럼, 피임은 정자와 난자의 자연적인 흐름을 차단시킴으로써 하나님이 자연 안에 두신 질서를 깨뜨리게 되므로, 자연주기를 이용한 피임법 이외에는

거부되어야 하는 것일까요? 그렇다면 오늘날 우리는 이 명령에 근거하여 하나님이 주시는 대로 아이를 낳아야 할까요? 피임에 대한 기독교인의 바람직한 태도는 어떤 것이어야 하는지 의견을 나누어 봅시다.

■■■ 창세기 1장 28절 말씀은, 땅을 정복하고 다스리기 위하여 해야 할 일은 많고, 사람이라고는 아담과 하와밖에 없는 시기에 주신 말씀이라는 점에 유의할 필요가 있습니다. 오늘날은 "땅에 충만하라"는 명령이 상당 부분 이미 실현된 시점이라는 사실도 참고할 필요가 있습니다.

9. 오늘날 중·고등학생들의 무분별한 성 관계로 혼전 낙태 사건이 자주 일어나고 있으며, 남편과 성 관계를 가진 후에 계획하지 않은 임신을 하게 된 주부들이 아기 갖는 것을 원치 않는 남편의 태도가 두려워서 행하는 주부낙태도 빈번하게 발생하고 있습니다. 낙태를 반대하는 운동을 전개하는 경우에는 미혼모와 사생아 문제가 사회문제로 등장하게 됩니다. 이런 현실 속에서 태아의 생명과 미혼모 및 사생아의 삶을 보호하기 위하여 교회와 기독교인들이 할 수 있는 일들에는 어떤 것들이 있는지 의견을 나누어 봅시다.

나가기

인간의 생명은 수정된 순간부터 시작됩니다. 따라서 낙태는 "살인하지 말라"는 하나님의 도덕명령을 범하는 죄악입니다. 낙태하지 않으면 임산부의 생명이 위독한 상황에 처하게 되는 경우를 제외하고는 낙태는 시행되어서는 안 됩니다. 태아에게서 어떤 질환이 발견되었다는 사실도 낙태를 정당화하는 이유가 될 수 없습니다. 강간으로 원치 않은 아이를 임신하게 된 경우에도 아이를 낳아야 하며, 낳은 아이를 키울 수 없을 때는 보호시설에 위탁하여 아이에게 삶의 기회를 주어야 합니다. 창세기 1장 28절을 기억하면서 하나님이 주시는 대로 아기를 낳는 것도 바른 모습이지만, 오늘날과 같이 인구가 전 세계에 편만해 있는 시점에서는 피임을 통한 출산 조절이 항상 부당한 것이라고만 볼 수는 없습니다. 오늘날 한국 사회의 심각한 사회문제가 되고 있는 주부낙태를 막는 첩경은 남편이 정관수술을 받는 것입니다. 정관수술은 아내에 대한 실질적인 사랑의 표현일 수 있습니다. 사후피임약은 수정란을 살해할 수가 있으므로 철저하게 금지되어야 합니다.

제4과

미시적인 토막살인

들어가기

첨단 과학기술의 발달은 양날의 칼과 같습니다. 과학기술이 발달하면서 인간의 생활에 많은 혜택이 찾아온 것은 사실이지만, 동시에 과학기술의 위력 앞에 인간의 생명이 풍전등화와 같은 위기에 처하게 된 것도 사실입니다. 정교한 인공수정 기술이 발달하면서 불임으로 고통 받는 많은 부부들도 아기를 낳을 수 있는 희망이 생겨났으나, 수정란을 폐기시킴으로써 작은 인간 생명을 죽음으로 몰아넣는 결과를 초래했습니다. 유전자 조작기술은 난치병 치료의 기대를 불어넣어 주었으나, 배아를 토막살해하는 기술로 이미 원용되기 시작했으며, 창조질서의 파괴와 교란, 복제인간 탄생의 위험성, 유전자 정보에 근거한 사회적 차별, 과학기술에 의한 인간지배 등이 나타나는 우울한 미래로 인류를 몰아넣고 있습니다.

에브라임 산지 라마다임소빔에 에브라임 사람 엘가나라 하는 자가 있으니 그는 여로함의 아들이요 엘리후의 손자요 도후의 증손이요 숩의 현손이더라 그에게 두 아내가 있으니 하나의 이름은 한나요 하나의 이름은 브닌나라 브닌나는 자식이 있고 한나는 무자하더라 이 사람이 매년에 자기 성읍에서 나와서 실로에 올라가서 만군의 여호와께 경배하며 제사를 드렸는데 엘리의 두 아들 홉니와 비느하스가 여호와의 제사장으로 거기 있었더라 엘가나가 제사를 드리는 날에는 제물의 분깃을 그 아내 브닌나와 그 모든 자녀에게 주고 한나에게는 갑절을 주니 이는 그를 사랑함이라 그러나 여호와께서 그로 성태치 못하게 하시니 여호와께서 그로 성태치 못하게 하시므로 그 대적 브닌나가 그를 심히 격동하여 번민케 하더라 매년에 한나가 여호와의 집에 올라갈 때마다 남편이 그같이 하매 브닌나가 그를 격동시키므로 그가 울고 먹지 아니하니 남편 엘가나가 그에게 이르되 한나여 어찌하여 울며 어찌하여 먹지 아니하며 어찌하여 그대의 마음이 슬프뇨 내가 그대에게 열 아들보다 낫지 아니하뇨 (삼상 1:1-8)

사무엘상 초두에 나오는 윗글은 한나라는 여인이 남편의 극진한 사랑을 받으면서도 자녀가 없어 슬퍼하는 모습을 묘사하고 있습니다. 결혼한 후에 자녀가 없을 때 맛보아야 하는 슬픔이 어떤 것인지 의견을 말해 보고, 무자녀의 슬픔을 극복하는 방안에 대해서도 의견을 나누어 봅시다.

인공수정

1. **(성경과 인공수정)** 인공수정이란 자연적인 성 관계를 통하여 자녀를 출산할 수 없을 때 정자와 난자를 인공적으로 수정시켜 출산을 시도하는 의료기술을 뜻합니다. 시편 127편 3절에서 "자식은 여호와의 주신 기업"이라고 했습니다. 그렇다면 인위적인 기술로써 수정란을 만들어 자식을 얻으려는 행동은 옳은 행동인가요, 아니면 하나님의 고유한 영역을 침범하는 행동인가요? 각자의 의견을 나누어 봅시다.

2. **(체외수정과 냉동수정란)** 인공수정에는 배우자의 정자를 배우자의 자궁에 집어넣어 수정을 시도하는 체내수정 방식이 있고, 정자와 난자를 플라스크의 배양액 안에서 인위적으로 수정시켜 수정란을 만든 다음 여성의 자궁 속에 착상시키는 체외수정 방식이 있습니다. 이 중 체외수정 방식은 잘 해도 성공률이 20%를 넘지 못합니다. 이 말은 한 차례의 인공수정을 성공시키기 위하여 적어도 3~4개의 수정란을 폐기하는 과정이 수반된다는 뜻입니다. 또 항상 여분의 수정란을 만들어 냉동시켜 놓고 실패할 경우를 대비합니다. 우리나라의 불임클리닉에 적어도 수십만 개 이상의 냉동수정란이 있는 것으로 알려져 있는데, 바로 이 냉동배아가 배아복제를 위한 실험에 사용됩니다.

냉동배아를 인간으로 보는 입장을 취할 때 체외수정 방식으로 진행되는 인공수정 기술이 안고 있는 윤리적인 문제는 무엇입니까?

3. **(정체성의 문제)** 인공수정 방식에는 배우자 자신의 정자와 난자를 이용하는 동종수정 방식과, 배우자가 아닌 제3자의 정자 또는 난자를 이용하는 이종수정 방식이 있습니다. 특히 이종수정 방식을 선택하는 경우에 다음과 같은 몇 가지 사례가 나타날 수 있습니다.

> (1) 배우자가 정자를 생산하지 못하는 경우 정자은행에서 제3자의 정자를 사다가 난자와 결합시킨다.
> (2) 배우자의 난자에 문제가 있을 경우 제3자의 난자를 난자은행에서 사다가 정자와 결합시킨다.
> (3) 배우자 양편이 모두 생식기능에 이상이 있을 경우에는 정자와 난자를 모두 사다가 결합시킨다.
> (4) 여자의 자궁에 문제가 있을 경우에는 제3자의 자궁을 빌려서 출산을 시도한다.

위에 열거한 각각의 경우에 자녀의 아버지 또는 어머니가 누군가 하는 정체성의 문제가 대두됩니다. 각각의 경우에 어떤 문제들이 대두되는지 말해 봅시다.

4. (생명공학의 유익) 고배율의 현미경이 개발되고 천문학적 연산의 수행을 가능케 한 전자공학의 발달에 힘입어 미시적인 세계를 연구할 수 있게 된 과학자들은, DNA를 중심에 둔 극미의 세포 세계 안에 정교하고 질서정연하며 생명현상을 해명하는 데 필요한 어마어마한 분량의 정보들이 들어 있음을 발견하게 되었습니다.

만일 정교하게 제작된 시계를 보고 인격적인 존재인 시계 제작자가 있음을 모든 사람들이 다 인정한다면, 시계와는 비교할 수조차 없이 정교한 DNA의 세계를 보고 사람들이 마땅히 해야 할 고백은 무엇인가요? 참고로 시편 19편 1-6절, 8편 1-9절을 읽으십시오.

5. (배아복제) 배아를 복제하는 목적은 배아를 복제하는 과정에서 난치병 치료에 유용한 것으로 알려진 줄기세포를 얻을 수 있기 때문입니다. 그런데 배아를 복제하는 과정에서 필연적으로 배아를 분할하는 과정, 곧 미시적인 관점에서 토막살인하는 과정을 거쳐야 합니다. 여기서 두 가지

가치가 극명하게 대립됩니다. 아직 하나의 가능성 차원에 머물고 있지만 난치병을 근원적으로 치료함으로써 인류에게 장밋빛 미래를 적극적으로 열 것인가, 아니면 인간생명체인 배아의 생명을 보호할 것인가?

이처럼 두 개의 가치가 대립될 때 기독교인이 선택해야 할 가치는 어떤 것이며 그 이유는 무엇입니까?

....

....

....

....

....

■ ■ ■ 배아복제에는 두 가지 유형이 있습니다. 하나는 인공수정 방식으로 수정란을 만든 다음 이 수정란이 8세포기나 16세포기까지 분열했을 때 이 세포들을 분할하여 하나하나의 세포와 핵을 제거한 난자와 결합시켜 다시 수정란을 만든 다음 자라게 하는 생식세포 복제가 있고, 다른 하나는 성인의 체세포에서 세포를 떼어내어 핵을 제거한 난자와 결합시켜 수정란을 만들어서 8·16세포기까지 분열시킨 후에 세포들을 분할하여 핵을 제거한 난자와 결합시켜 다시 수정란을 만든 다음 자라게 하는 체세포 복제가 있습니다.

6. (유전자 조작과 창조질서) 기독교에서 인간 생명의 출생은 창조주 하나님이 고유하게 주권을 행사하시는 신비의 영역으로 간주해 왔고, 이 영역에 인간이 개입하는 것을 금기시해 왔습니다. 그러나 오늘날 유전공학자들은 이 영역을 자유롭게 넘나들면서 현존하는 창조세계의 질서를 변형시킨 유전자 구조를 지닌 생명체를 조작해 내고 있습니다. 인간이

원하는 대로 유전자가 조작된 인간과 동식물이 나타날 수 있으며, 종 간의 경계도 허물어져서 인간과 동물의 중간존재, 동물과 식물의 중간존재 등이 등장하여 현재의 창조세계에서는 볼 수 없는 새로운 종이 출현할 길이 이미 열리고 있습니다. 예컨대 고양이와 쥐의 유전자를 서로 교환하여 고양이도 아니고 쥐도 아닌 새로운 종을 만들어 낸다든지, 나무의 유전자에 사람의 유전자를 삽입하여 동물도 아니고 식물도 아닌 새로운 종을 만들어 내는 것이 이론적으로 그리고 기술적으로 가능하게 되었습니다.

유전자가 조작된 새로운 종들을 조작해 내는 유전공학자들의 시도에 대하여 각자가 생각하는 바를 나누어 보고, 유전자가 조작된 동물들과 식물들이 자연환경과 인류의 식생활 등에 끼칠 영향에 대하여 각자의 의견을 나누어 봅시다.

의견을 나누는 중에, 창세기 11장 1-9절에 기록되어 있는 바벨탑 사건과 유전공학자들의 시도가 어떤 점에서 유사한지도 이야기해 봅시다.

7. **(유전자 진단)** 유전공학 연구는 유전자 진단을 통하여 미래에 찾아올 질병을 예측할 수 있는 가능성을 제시하고 있습니다. 그런데 치료방법이 없는 질병이 미래에 생겨나리라는 사실을 앞서서 진단하는 경우에, 많

은 사회적 문제가 야기될 수 있습니다. 예컨대 유전자 진단을 통하여 미래의 질병을 예측한 정보가 보험회사나 기업체에 미리 알려질 경우, 보험회사 가입자나 기업체 입사 희망자에게 어떤 사회적 차별이 찾아오게 될 것인지에 대하여 각자의 의견을 나누어 봅시다.

8. **(유전자 치료)** 유전자 치료는 천문학적인 연구비용이 소요되는데다가, 치료효과가 어느 정도이며 실질적으로 유익을 줄 수 있는지 등에 대하여 아직 확증된 것이 거의 없습니다. 오늘날 싼 값의 약제만으로도 예방과 치료가 가능한 말라리아 같은 질병들은, 수익성이 없다는 이유로 약을 만드는 제약회사가 없어서 수많은 말라리아 환자들이 죽어 가고 있는 현실에서, 결과가 확실하지도 않은 유전자 치료에 천문학적인 비용을 지불하는 국가정책에 대해서는 어떻게 평가해야 할까요? 또 많은 의사들과 의과대학 지망생들이 경제적 수익만을 이유로 정형외과를 외면하고 성형외과로 몰리는 세태에 대하여도 각자의 의견을 나누어 봅시다.

9. **(우생학의 위험)** 만일 인간의 열성 형질을 제거하는 유전자 조작을 통하여 우성 형질만을 지닌 유전자 변형 인간이 출현한다고 가정해 봅시다. 예컨대 얼굴은 클레오파트라처럼 예쁘고, 머리는 아인슈타인처럼 좋으며, 힘은 아놀드 슈왈제네거만큼 센 이상적인 인간들이 출현하여 한 사회계층을 형성하고, 다른 한편에서는 열등 형질을 그대로 간직한 자연적으로 출생한 인간들이 또 하나의 사회계층을 형성한다고 가정해 봅시다. 이와 같은 신인류가 등장한다면 어떤 사태가 발생할까요? 각자의 의견을 나누어 봅시다.

10. 사람들이 인공수정에 의존하고자 하는 유혹을 물리치기 위하여, 그리고 배아살해, 창조질서의 혼란, 사회적 차별과 계층화, 재정의 불균형적인 지출 등과 같은 유전공학의 폐해를 극복하기 위하여 교회와 기독교 단체들이 할 수 있는 일에는 어떤 것들이 있는지 의견을 나누어 봅시다.

■ ■ ■ 미국에서는 기독교인 생명윤리학자들이 주축이 되어 CBHD(생명윤리 및 인간 존엄성을 위한 연구소)가 조직되어 생명윤리운동과 연구를 주도하고 있으며, 이 연구소가 미국 내의 CMDS(기독교 의학 및 치의학 협회),

NCF(기독교간호사연합), CLS(기독교법률가협회), 영국의 CBPP(생명윤리 및 공공정책 연구소), 네덜란드의 LIME(린데봄 의료윤리연구소) 등과 협력하고 있습니다. 한국에서는 기독교생명윤리위원회가 조직되어 개신교의 입장을 대변하고 있으며, 천주교생명윤리위원회와 사안별로 협력하고 있습니다. 미국 CBHD를 모델로 하여 조직된 성산생명윤리연구소가 연구 활동을 주도하고 있습니다.

나가기

오늘날 발달된 첨단 의료기술과 유전자 조작기술에 의하여 미시적 차원에서 인간생명이 폐기되고 실험용으로 악용되며, 토막살해당하는 등의 사건들이 벌어지고 있습니다. 난치병 치료라는 가치가 아무리 많은 인류에게 공리적이고 실용적인 혜택을 가져온다 하더라도 인간 생명의 무차별한 살해를 담보로 추진된다면 인류 사회는 약육강식의 원리가 지배하는 야만적인 사회로 전락하고 말 것입니다. 기독교인과 교회는 미시적인 차원에서 과학기술에 의하여 인간의 소중한 생명이 희생당하지 않도록 생명을 지키는 파수군의 역할을 담당해야 합니다. 동시에 유전자 조작기술은 유전적으로 변형된 괴물이나 비정상적인 생물종들을 출현시킴으로써 창조질서를 교란시킬 위험을 안고 있으며, 미래의 인류 사회를 심각한 혼란 속에 빠뜨릴 우려가 있음을 교회와 기독교인들이 잊어서는 안 됩니다. 유전자 조작은 우월한 인종과 열등한 인종으로 사회를 이원화시키고 우월한 인종이 열등한 인종을 차별하는 사회로 전락시킬 잠재적인 위험을 안고 있습니다. 그러기에 교회와 기독교인들은 경각심을 갖고 이러한 일들이 일어나지 않도록 유의해야 합니다.

제5과
삶과 죽음의 갈림길

들어가기

　모든 인간들은 한평생 살아가는 동안 두 번에 걸쳐서 자기 몸을 자기 힘으로 돌보지 못하고 전적으로 다른 사람들의 손에 의탁해야 하는 위기상황을 만납니다. 한 번은 이미 살펴본 것처럼 생명이 시작되는 시점입니다. 태중에 있는 생명이나 유아들은 전적으로 엄마를 비롯한 타인의 처분에 생명의 유지 여부를 맡길 수밖에 없습니다. 다른 또 한 번은 생명이 종결되는 시점입니다. 자연적인 노화의 과정이나 아니면 암이나 혼수상태 등과 같은 난치의 질환으로 인하여 죽음을 앞두고 있는 사람들도, 심신이 허약해져 자기 몸을 자기 스스로 통제하지 못하고 타인의 처분에 의존하게 됩니다. 생명의 시작 시점에서 윤리적인 문제들이 발생하는 것처럼 생명이 종결되는 시점에서도 윤리적인 문제들이 발생합니다.

1983년 교통사고를 당한 낸시 크루잔(Nancy Cruzan)은 식물인간이 되었다. 크루잔은 의식이 없고 환경에는 무감각했으나 반사 반응은 유지되는 상태였다. 인공호흡과 인공 음식물 투여가 지속되면 30년은 더 생명을 연장할 수 있다는 것이 의학적 판단이었다. 크루잔의 부모는 미주리 법원에 인공호흡과 인공 음식 투여 중지를 요청하여 허락을 받았다. 그러나 크루잔의 법적 후견지는 미주리 대법원에 상소하여, 크루잔이 식물인간이 되었을 때 죽음을 요청했으리라는 것을 증명하는 설득력 있는 증거가 제시되지 않는 한 인공 음식물 투여를 중지해서는 안 된다고 판결함으로써 하급법원 판결을 번복했다. 이 사건은 연방대법원에 다시 상고가 되었는데, 연방대법원에서는 5대 4로 다시 미주리 법원의 판결을 지지했다. 그러나 크루잔의 부모는 크루잔의 세 친구를 증인으로 내세워 미주리 법원에 크루잔이 식물인간 상태에서는 살기를 원하지 않는다는 점을 증언하게 혔고, 이 증언이 받아들여져서 1990년 12월 26일에 인공호흡기와 인공 음식물 투여를 중지함으로써 크루잔은 사망했다.

이 이야기는 식물인간이 되어 정상적인 인지(認知)기능을 상실한 크루잔을 두고 두 진영의 태도가 다르게 나타나고 있음을 보여·줍니다. 한 진영은 크루잔의 생명을 종결시키려고 했고, 다른 한 진영은 크루잔의 생명을 연장시키려고 했습니다. 크루잔의 생명을 종결시키려고 한 이유는 무엇이었으며, 또한 크루잔의 생명을 연장시키려고 한 이유는 무엇이었는지에 대하여 서로 의견을 나누어 봅시다.

견디기 어려울 만큼 심각한 통증으로 고통을 겪는 환자는 때로는 고통스러운 삶을 계속하는 것보다는 차라리 죽는 것이 낫겠다는 생각을 하게 됩니다. 이때 환자는 의사에게 도움을 요청할 수가 있습니다. 도움을 요청받은 의사는 환자에게 치사에 이르는 약물을 직접 투여하거나 죽음에 이르는 방법을 가르쳐 줌으로써 환자가 죽는 과정을 도와줄 수 있습니다.

1. **(고통의 의미)** 그리스도인들은 신체적인 고통이 있을 때 의술을 사용하는 등 고통에서 벗어나기 위하여 최선의 노력을 기울여야 합니다. 그러나 최선의 노력을 다했는데도 고통에서 벗어날 수 없을 때가 있습니다. 이때는 무리한 방법으로 고통에서 벗어나려고 하기보다는 하나님이 고통을 주시는 뜻이 무엇인지를 물을 수 있어야 합니다. 이와 동시에 고통과 더불어 사는 법을 배울 필요가 있습니다.

(a) 욥기 2장 10절을 읽어 봅시다. 본문은 재앙이 어디에서 오는 것이라고 말하고 있습니까?

....

....

(b) 욥기 23장 10절을 읽어 봅시다. 하나님이 우리에게 시련을 주시는 이유는 무엇입니까?

....

....

(c) 골로새서 1장 24절을 읽어 봅시다. 본문은 우리가 받는 고난에 어떤 의미를 부여하고 있습니까?

이상의 본문을 통하여 성경이 고통 받는 우리에게 주는 유익은 어떤 것들인지 정리해 봅시다. 고통을 통하여 이와 같은 유익을 체험해 본 경험이 있다면 서로 나누어 봅시다.

2. **(고통에서의 해방과 생명의 종결)** 욥기 1장 21절과 욥기 12장 10절을 찾아서 함께 읽어 봅시다. 고통을 겪는 환자를 고통에서 해방시킨다는 명목으로 환자의 생명을 종결시키는 행위가 정당화될 수 없는 이유는 무엇입니까?

3. **(의술의 목적)** 여러분은 의술의 목적이 무엇이라고 생각합니까? 여러분이 생각하는 의술의 목적에 비추어 볼 때 죽음이라는 방법으로 인간의 생명을 종결시키는 행동에 대하여 어떻게 평가할 수가 있습니까?

4. **(완화의학과 호스피스)** 안락사가 잘못된 의료관행이라는 점을 비판하는 것도 중요하지만, 안락사를 요청할 만큼 큰 고통에 시달리는 환자들을 이해하고 환자들이 고통을 극복하도록 돕는 사랑의 실천이 병행되어야 합니다. 의학적으로 말기 암 환자의 경우라 하더라도 약물을 통한 통증의 조절은 충분히 가능한 것으로 알려져 있습니다. 치료를 통한 회복이 불가능한 환자들이 가정과 같은 편안한 환경에서 통증을 조절하면서 임종을 맞이할 수 있도록 돕는 호스피스 제도도 점차 확대되어 가고 있습니다.

안락사의 유혹을 받고 있는 환자들이 고통을 이기는 일을 돕기 위하여 교회가 할 수 있는 일들에는 어떤 것들이 있는지 의견을 나누어 봅시다.

장기이식

신체의 중요한 장기가 손상을 입었을 경우에 다른 사람의 건강한 장기를 이식하여 질환을 치료하고 생명을 연장하려는 시도를 장기이식이라고 합니다. 통상적으로 살아 있는 사람들의 장기를 떼어내는 경우는 간이나 신장과 같이 일부를 떼어 주어도 생명에 지장이 없는 경우에 한하며, 떼어 줄 수 없는 기타 장기들은 뇌사상태에 있는 사람들의 장기를 적출하여 이식을 합니다. 특별히 뇌사상태에 있는 장기를 이식하는 관행과 관련하여 윤리적인 문제들이 제기될 수 있습니다.

5. **(장기이식은 항상 정당한가)** 장기기증자가 장기의 결함으로 고통 받는 환자를 불쌍히 여겨 자원하여 장기를 기증하는 경우는 고귀한 이웃사랑의 실천으로서 도덕적으로 칭찬할 만한 행동이라고 할 수 있습니다. 그런데 이처럼 자연스럽게 장기를 기증받기 어려운 경우에 부당한 방법, 즉 장기매매와 같은 방식으로라도 장기를 얻어서 생명을 연장하려는 경우가 있는데, 이러한 태도에 대해서 여러분은 어떻게 생각합니까?

....

....

....

장기에 문제가 생겼을 경우에 하나님이 내게 주신 몸이 기능을 다했으므로 하나님이 부르시면 가야겠다고 생각하는 태도에 대해서는 또 어떻게 생각합니까?

....

....

6. **(뇌사와 장기이식)** 어떤 사람이 뇌사상태에 이르렀을 때 이전에 자신의 장기를 기증하겠다는 의사를 밝히지 않은 경우, 뇌사자 자신의 의사와는 상관없이 장기를 적출하는 행동에 대해서는 어떻게 생각합니까?

■ ■ ■ 죽음의 시점은 언제인가? 죽음의 시점을 결정하는 여러 가지 관점들은 두 가지로 압축될 수 있습니다. 첫째는 뇌사를 죽음의 시점으로 보는 관점입니다. 그러나 이 관점의 배후에는 유물론적 인간관이 깔려 있습니다. 유물론적 인간관에 따르면 인간의 정신활동은 뇌가 살아서 기능할 때 나타났다가 뇌가 기능을 정지하면 소멸되어 버린다고 보고, 죽음이란 바로 뇌가 기능을 정지하여 영혼이 소멸되는 시점을 뜻한다고 주장합니다. 죽음의 시점을 뇌사 단계로 앞당기려는 의도는 뇌사자의 장기를 적출하는 길을 열어놓음으로써 장기부족 현상을 해소하려는 데 있습니다. 그러나 기독교적 관점에서 보면 인간의 영혼은 한번 창조되면 소멸되지 않습니다. 육체가 기능을 정지하든 기능을 계속하든 영혼은 계속 존재합니다. 따라서 영혼의 소멸 시점은 죽음의 시점이 될 수 없습니다. 기독교적 관점에서는 육체가 전체적으로 기능을 정지할 때를 죽음의 시점으로 볼 수밖에 없습니다. 그러면 뇌사를 육체의 기능이 중지되는 시점으로 볼 수 있습니까? 볼 수 없습니다. 왜냐하면 뇌가 기능을 정지해도 심장박동이나 호흡은 살아 있을 수 있기 때문입니다. 뇌가 기능을 정지했다고 해서 죽었다고 말하는 것은 자궁이 기능을 정

지했다고 해서 죽었다고 말하는 것과도 같습니다. 따라서 육체의 기능이 전체적으로 중단되는 심장사 이후의 시점으로 죽음의 시점을 잡는 것이 가장 안전합니다. 이 같은 관점을 견지할 때 뇌사자에게서 장기를 꺼내는 것은 살아 있는 사람에게서 장기를 꺼내는 것과 같은 행동으로 간주될 수 있습니다.

진료의 중단

7. 여러분이 암 말기 판정을 받아서 어떤 의학적인 수단을 동원해도 치유나 회복이 불가능한 상태에 이르렀거나, 자연적인 노화가 진행되어 임종 직전에 이르게 되었다고 가정해 봅시다. 이때 여러분은 어떤 결단을 내리겠습니까? 치료를 계속 받겠습니까, 아니면 치료를 중단하고 자연적으로 죽음에 이르는 과정을 받아들이겠습니까? 그런 결단을 하는 이유는 무엇입니까?

■ ■ ■ 위의 경우에서 치료받기 거부하는 것을 의료윤리에서는 진료의 중단이라고 명명하는데, 진료의 중단은 안락사와는 구분되는 의료행위로서 기독교윤리학에서 정당한 행위로 인정하고 있습니다. 그러나 진료의 중단은 진료할 수 있는데도 의도적으로 진료를 하지 않는 진료의 방기(放棄)와는 구별되어야 합니다.

8. 오늘날 한국 사회에서는 환경오염, 음식물의 오염과 서구화, 스트레스 등이 맞물리면서 암을 비롯한 난치성 성인병 질환이 급격히 증가하고 있습니다. 이와 같은 난치성 질환의 증가는 생명의 끝의 시점에서 다른 사람들의 손에 생명이 좌우될 수밖에 없는 환자들을 양산하고 있고, 이들의 생명을 위험에 몰아넣고 있습니다. 생명의 끝의 시점에서 인간의 생명을 보호하기 위하여 기독교인들과 교회가 할 수 있는 일에는 어떤 일들이 있는지 의견을 나누어 봅시다.

나가기

안락사는 극심한 고통에서 인간을 해방시키기 위하여 인위적으로 생명을 종결시키는 의료관행으로서 생명을 보존하고 살리기 위한 의료의 본래 목적에 위배되는 행동입니다. 고통에서 인간을 해방시키는 것은 물론 중요한 도덕적 가치이지만 인간의 생명을 희생시키면서까지 추구해야 할 절대적 가치는 아닙니다. 고통이 불가피할 때는 고통을 통하여 당신의 백성들을 더욱 영적으로 성숙하게 하려는 하나님의 은혜의 손길을 읽어내야 하며 고통과 함께 살아가는 법을 익혀야 합니다. 동시에 우리는 기도, 병문안, 호스피스 시스템에 대한 재정적인 봉사와 자원하는 인력봉사 등의 방법을 통해 고통으로 신음하는 환자들을 도울 수 있습니다. 적절한 장기가 있을 때 장기이식을 통하여 생명의 연장을 시도하고 돕는 것도 중요하지만, 하나님이 주신 내 몸의 장기를 사용하다가 기능이 다하면 하나님의 부르심을 기꺼이 받고

간다는 마음가짐 또한 중요합니다. 또 치료가 불가능하거나 자연적인 노화가 진행되어 임종이 가까워 올 때, 진료를 중단하고 하나님의 손에 생명을 맡기고 하나님 나라에 갈 마음의 준비를 한다고 해서 생명을 소홀히 여기는 것은 아닙니다. 왜냐 하면 성도들이 들어가게 될 하나님 나라는 하나님이 친히 하나님의 백성들과 함께하시는 나라이며, 하나님이 친히 모든 눈물을 씻겨 주시는 나라이고, 애통하는 것이나 곡하는 것이나 아픈 것이 다시는 없는, 참된 생명으로 충만한 나라이기 때문입니다.

제6과
죽음을 향한 충동

들어가기

마지막 과인 제6과에서는 자살과 사형제도에 대하여 공부합니다. 자살과 사형제도의 문제는 첨단의학 및 생명공학과 관련된 문제들은 아니지만 인간 생명의 희생이 문제되는 주제들이라는 점에서 앞서 다룬 주제들과 공통점이 있기 때문에 이 교안에 포함하였습니다.

어느 교회 안수집사이던 P씨는 오래 전에 N국에 이민 가 정착하여 살아왔다. P씨에게는 결혼한 아내와 의과대학에 다니던 딸이 있었다. 그런데 이 가정에 어두운 그림자가 찾아왔다. 의과대학에 다니던 딸이 성적이 부진하여 제때 상급과정으로 올라가지 못하고 대학원 진학이 유보된 것이다. 딸의 대학원 진학이 유보되었다는 소식을 들은 P씨의 아내는 딸에게 건 기대가 좌절되는 것을 견디지 못하고 괴로워했다. 끝내 P씨의 아내는 우울증과 유사한 마음의 갈등을 겪다가 이 갈등을 극복하지 못하고 아파트 옥상으로 올라가서 뛰어내려 자살하고 말았다.

위의 사례에서 볼 수 있듯이 성적 비관, 사업 실패, 카드 빚, 실연, 상급자에 의한 괴롭힘, 비리가 폭로되는 데 따르는 대중적인 명예훼손 등에 시달린 사람들이 자살하는 사례가 속출하고 있습니다. 이전에는 이런 고통스러운 현실들이 사람들로 하여금 오히려 살고자 하는 의지를 더욱 굳게 하는 데 도움을 주었는데, 오늘날은 죽음의 원인이 되고 있습니다. 이처럼 비정상적이라고 할 만큼 자살률이 늘어나고 이전에는 자살의 원인이 되지 않던 것들이 자살의 원인으로 등장하고 있는 사회현실을 어떻게 설명해야 할까요? 각자의 의견을 나누어 봅시다.

자살

1. **(죽음의 충동은 본능적인가?)** 하이데거는 죽음을 인간의 존재론적 구조라고 말했고, 프로이트는 인간은 삶을 향한 충동과 죽음을 향한 충동이라는 두 충동의 지배를 받는 존재라고 말했습니다. 이 말은 죽음을 향한 충동은 인간이 창조될 때부터 인간에게 본능적으로 내재된 충동이요, 따라서 피할 수 없는 충동이라는 뜻인데 성경은 이와 다르게 말하고 있습니다.

   (a) 전도서 3장 11절을 읽으십시오. 본문은 하나님이 인간에게 어떤 본능적 충동을 주셨다고 말하고 있습니까?

(b) 창세기 2장 16-17절, 3장 6절, 3장 19절을 읽으십시오. 이 본문의 내
용은 죽음이 언제 어떻게 시작되었다고 말하고 있습니까?

이 본문들에 근거하여 생각해 볼 때, 인간은 창조되는 순간부터 죽음
을 향한 충동을 본능적으로 타고났다는 견해에 대하여 어떤 평가를 내
리게 됩니까?

(c) 열왕기상 19장 1-4절을 읽으십시오. 엘리야가 죽음을 향한 충동을
느낀 원인은 어디에 있습니까? 그 충동이 엘리야의 내부에 있습니
까, 아니면 외부에 있습니까? 그 원인은 무엇입니까?

■ ■ ■ 죽음을 향한 충동이 본능적 충동이 아니라 외부에서 가해진 충격에 의하여 한시적으로 찾아온 충동이라는 말은, 외부적 요인이 제거되거나 그 요인을 이길 수 있는 품성이 갖추어져 있으면 얼마든지 쉽게 극복할 수 있는 충동임을 뜻합니다.

2. **(성경에 나타난 자살에 관련된 사건들)** 성경에서 자살과 관련된 사건의 주인공으로 등장하고 있는 다음 인물들에 관한 내용을 읽고, 이들이 자살을 결행한 동기들은 무엇이었는지 알아봅시다.

(a) 아히도벨, 사무엘하 17장 23절

....

....

(b) 시므리, 열왕기상 16장 18절

....

....

(c) 가룟 유다, 마태복음 27장 1-5절

....

....

(d) 사울, 사무엘상 31장 3-4절

....

....

(e) 삼손, 사사기 16장 28절

■■■ 삼손의 경우는 앞의 네 경우와는 달리 전쟁 상황에서 조국을 위하여 전사한 행동으로서, 하나님의 허락을 받고 결행한 행동이기 때문에 통상적인 자살의 범주에 들어가지 않습니다.

3. **(자살에 관련된 계명)** 성경은 자살 그 자체에 대해서는 아무런 논평도 하지 않습니다. 그런데도 우리는 자살을 하나님의 계명을 범하는 행동으로 판단합니다. 이 경우에 자살을 죄로 판단하는 근거로 제시될 수 있는 하나님의 계명은 무엇인지 말해 봅시다.

4. **(정당한 자살)** 요한복음 15장 13절은 자기 목숨을 내놓는 행위가 정당화될 수 있는 경우가 어떤 경우인지를 제시하고 있습니다. 이 경우에 해당하는 자살의 사례들을 생각나는 대로 열거해 봅시다. 강재구 소령이 부하들을 살리기 위해 폭탄 위에 몸을 던져 죽는 경우와 조직의 보스에 대한 의리와 충성을 지키기 위하여 자기 목숨을 내놓는 경우에 대하여 의견을 말해 봅시다.

5. 현대인들을 자살로 몰아넣는 이유들을 다시 한 번 생각나는 대로 정리
해 보고, 교회와 기독교인들이 이런 이유들로 인하여 자살 충동을 느끼
는 사람들을 돕는 방법에는 어떤 것들이 있는지 말해 봅시다.

....

....

....

....

사형제도

오늘날 우리 사회는 사형제도의 존폐 문제를 두고 오래 전부터 찬반논쟁
이 뜨겁게 진행되어 왔습니다. 사형제도의 폐지를 주장하는 진영에서는 사
형의 참혹성, 독재정권에 의한 사형제도의 남용, 오판의 가능성, 수형자 재
생의 기회 박탈, 민주주의 사회의 세계적인 흐름 등을 사형제도를 폐지해야
하는 근거로 제시합니다. 기독교계 안에서도 사형제도는 구약 율법의 잔재
이며, 신약시대에는 원수 사랑이라는 대강령에 의거하여 살아야 함에도 불
구하고 사형을 시행하는 것은 잘못이며, 오직 하나님께만 처분권이 있는 인
간의 생명을 인간이 종결시키는 것은 하나님의 주권에 대한 침해라는 점을
들어서 사형제도 폐지에 앞장서는 평화주의자들이 있습니다.

반면에 사형제도 존치를 주장하는 진영에서는 살인 범죄는 나날이 흉폭
해지고 있는데 형량을 약화시키는 것은 고순이며, 수형자뿐만 아니라 수형
자가 피해자에게 행한 잔인한 살인 행위도 고려하지 않으면 안 되며, 사형을
폐지할 경우에 형법적 정의의 실현이 어렵고, 심리적 범죄예방 장치가 약화
된다는 점을 들어서 반대하고 있습니다. 개신교 정통주의에서는 적어도 고

의적인 살인에 대한 사형제도는 인간 생명의 존엄성을 보호하기 위하여 하나님이 제정하신 보편적인 입법이므로 인간이 임의로 폐지해서는 안 되며, 원수를 사랑하라는 강령을 재판의 원리로 삼아서는 안 된다는 점을 강조해 왔습니다.

6. **(고의적 살인에 대한 사형은 보편적인 법)** 창세기 9장 6절을 읽으십시오. 이 본문은 사형제도의 성경적 근거를 제시하는 중요한 본문입니다. 이 본문에서 하나님은 어떤 경우에 사형을 시행할 수 있도록 하셨습니까? 당시 노아는 인류 전체를 대표하여 이 명령을 받았습니다. 노아가 온 인류를 대표하여 이 명령을 받았다는 사실을 고려할 때 이 명령은 일부 특정한 백성이나 인종만을 위한 것일까요, 아니면 모든 인류 사회가 받아들여야 할 보편적인 입법의 원칙으로서 주어진 것일까요?

7. **(사랑과 정의)** 많은 기독교인들이 구약은 보복법이 지배하는 시대요, 신약은 원수까지도 사랑하라는 사랑의 원리가 지배하는 시대라고 생각합니다. 그러나 과연 그럴까요? 출애굽기 21장 12-17절을 읽으십시오. 그리고 이와 동시에 레위기 19장 17-18절을 읽으십시오. 모세의 율법 안에 이 두 말씀이 다 들어 있다는 사실이 우리에게 주는 정보는 무엇입니까?

마태복음 5장 38-42절을 읽으십시오. 이와 동시에 로마서 13장 1-7절(특히 4절)을 읽으십시오. 이 두 말씀이 동시에 신약성경에 등장하고 있다는 사실이 우리에게 주는 정보는 무엇입니까?

■ ■ ■ 구약시대에도 사랑의 원리는 하나님 백성들의 삶의 기본 원리로 적용되었습니다. 이와 동시에 사형제도도 사랑의 원리와 나란히 재판정에서 형사적 정의를 실현하기 위한 중요한 방편으로 존재했습니다. 이 점은 신약시대도 마찬가지입니다. 사랑의 원리와 함께 국가에게 주어진 형사적 정의실현의 중요한 한 방편으로 국가의 사형권이 존재했습니다. 일반적인 인간관계에서는 사랑의 원리에 따라서 생활해야 하지만 법정에 선 판사는 정의의 원칙에 따라서 행동해야 합니다. 사랑과 정의는 구약시대나 신약시대나 변함없이 나란히 공존합니다. 구약시대는 보복법이 지배하던 시대요, 신약시대는 용서와 사랑의 법이 지배하는 시대라는 생각은 잘못된 것입니다.

■ ■ ■ "또 눈은 눈으로 이는 이로 갚으라 하였다는 것을 너희가 들었으나"라는 마태복음 5장 38절 말씀은 다음과 같이 해석되어야 합니다.

첫째로, '너희가 들은 내용' 은 구약성경을 말하는 것이 아니라 모세의 율법에 대한 유대교의 해석을 가리킵니다. 예수님은 자신의 가르침과 모세의 가르침을 대비시킨 것이 아니라 모세의 율법에 대한 유대교의 그릇된 해석과 자신의 바른 해석을 대비시키셨습니다.

둘째로, 유대교에서는 '눈에는 눈으로, 이는 이로' 를 하나님 백성들의 일반적인 생활원리로 해석했습니다. 특히 유대인들이 이방인들을 대할 때 적용해야 할 보복의 원리로 해석했습니다. 그러나 이것은 모세의 율법을 잘못 적용한 것입니다. 하나님이 모세의 율법을 통하여 주신 이 법은 '공정한 재판의 원리' 로 주신 것입니다. 일반적인 생활의 원리인 사랑의 원리와 재판정에서 적용해야 할 공정한 재판의 원리는 공존합니다.

8. **(원수 사랑과 사법권)** 로마서 12장 17-21절을 읽으십시오. 이 본문에서 바울은 하나님 백성의 생활원리가 무엇이라고 밝히고 있습니까?

이 생활원리를 지켜야 하는 이유 가운데 하나를 19절은 무엇이라고 말하고 있나요? 19절과 로마서 13장 1-7절(특히 4절)을 연결해서 읽을 때, 하나님이 원수를 갚을 때 사용하시는 가장 중요한 수단은 무엇입니까?

9. 안타깝게도 우리 사회의 강력범죄는 날이 갈수록 늘어가는 추세에 있습니다. 주차 공간을 확보하려고 다투다가 사람을 죽이기도 하고, 조직에 대한 충성 때문에 수십 년간 지속되어 온 우정도 아랑곳하지 않고 친구를 죽이는 일도 있습니다. 범죄가 발생한 뒤에 수습하는 것보다는 범죄가 일어나지 않도록 예방하는 것이 더 중요합니다. 우리 사회에 만연해 가고 있는 반생명 범죄를 줄이기 위하여 교회와 기독교인들이 할 수 있는 일들에 대하여 각자의 의견을 나누어 봅시다.

....

....

....

나가는 말

인간에게는 본능적인 삶을 향한 충동은 있으나 죽음을 향한 충동은 없습니다. 모든 죽음의 충동은 일시적으로 외부에서 찾아들어오는 것으로서 도덕적 결단을 통하여 극복할 수 있습니다. 이웃의 생명이 위급한 상황에 처해 있을 때 이웃의 생명을 구하기 위하여 불가피한 경우가 아닌 한, 자살은 살인하지 말라는 하나님의 계명을 범하는 행동입니다. 우리는 자살의 충동을 느낄 만큼 고통에 시달리고 있는 이웃이 고통을 극복할 수 있도록 돕는 일에 최선을 다해야 할 것입니다.

우리는 범죄가 일어난 후에 어떻게 처벌하느냐를 두고 고민하기에 앞서서, 범죄가 일어날 수 있는 원인이 되는 환경을 개선하고 사람들의 마음을 변화시키는 예방적 조치에 우선적인 관심을 기울여야 합니다. 정치탄압의 구실로 남용되거나 오판이 있을 경우 회복이 불가능하다는 문제점, 형 자체의 참혹성 등을 고려할 때 부작용을 최소화하기 위하여 사형선고를 가능한 한 줄이려고 노력하는 것은 의미 있는 일이고, 정치적 범죄나 경제사범과 같은 경우에 사형을 다른 형벌로 대체해 가는 법적인 노력은 정당한 것입니다. 그러나 적어도 고의적 살인에 대하여 사형을 시행하는 것은 하나님께서 직접 명령하신 보편법이기 때문에 이 법을 인간이 자의로 변경해서 어떤 경우에도 사형이라는 형벌을 내릴 수 없도록 사형제도 자체를 폐지하는 것은 성경의 가르침에 거스르는 운동입니다. 인간의 부패와 타락성이 근원적으로 해결되지 않고, 폭력이 더욱더 엽기적으로 편만해지는 가운데 인간 생명의 존엄성이 이전 그 어느 때보다도 더 큰 위험에 노출되어 있는 때에, 형량을 획기적으로 낮추어 가는 것이 과연 시대의 흐름을 바르게 읽는 것인지는 재고해야 할 문제입니다.

♣♣♣더 깊은 공부를 위하여 추천하는 문헌

■ 제1과 벼랑 끝에 선 생명

김민철. 『의료, 세계관이 결정한다』. 서울: 한국누가회출판부, 2003.
손봉호. 『고통받는 인간: 고통 문제에 대한 철학적 성찰』. 서울: 서울대학
　　교출판부, 1999.
이상원. "기독교와 의료행위", 『교회와 사회』. 기독교윤리실천운동 신학
　　위원회 편. 서울: 성광문화사, 2002.
이상원. 『프란시스 쉐퍼의 기독교 세계관과 윤리』. 서울: 살림, 2003.

■ 제2과 생명의 직각자

이상원. "기독교와 의료행위", 『교회와 사회』. 기독교윤리실천운동 신학
　　위원회 편. 서울: 성광문화사, 2002
이상원. 『프란시스 쉐퍼의 기독교 세계관과 윤리』. 서울: 살림, 2003.
프랭클린 페인 주니어. 『의료의 성경적 접근』, 김민철 역. 서울: 한국누가
　　회출판부, 2001.

■ *제3과 태아도 인간이다*

김민철. 『의료: 세계관이 결정한다』. 서울: 누가회, 2003.
이상원. 『21세기 십계명 여행』. 서울: 토기장이, 2003.
니겔 캐머런. 『기독교 의료윤리』. 서울: 횃불, 1993.
니겔 캐머런. 『낙태: 위기에 처한 기독의료윤리』. 서울: 횃불, 1993.
월키부부. 『낙태』. 서울: 낙태반대운동연합, 1997.
프랭클린 페인 주니어. "낙태: 킬링필드", 『의료의 성경적 접근』. 서울: 누가회, 2001.

■ *제4과 미시적인 토막살인*

김기태 외. 『복제인간』. 서울: CUP, 1994.
이상원. "기독교는 생명공학의 발전을 가로막는가?", 『기독교사회윤리』. 한국기독교사회윤리학회 편, 제5집.
이상원. "인간과 유전공학: 유전자 치료와 인간복제", 『성경과 신학』, 한국복음주의신학회편, 제32권.
이승구. 『인간복제, 그 위험한 도전』. 서울: 예영커뮤니케이션, 2003.

■ *제5과 삶과 죽음의 갈림길*

이상원. "생명처리 권한 인간에게 없다", 《기독신문》, 2001년 4월 25일 제1342호.
이상원. "안락사는 정당한가?", 《신학지남》, 제269호(2001 겨울).
니겔 캐머런. "생명의 끝 이슈들", 「급변하는 세계속의 기독교 윤리, 하」.

서울: 횃불, 1996.
제이 홀맨. "정상 노화 과정과 임종결정", 『의료윤리의 새로운 문제들』.
　　서울: 예영커뮤니케이션, 1997.
로버트 D. 오어. "의사 조력 사망".
커티스 해리스. "치료 중단: 영양공급, 수액요법, 그리고 지속적인 식물인
　　간 상태".

■ *제6과 죽음을 향한 충동*

최원현. "자살공화국", 《건강과 생명》, 2004년 3월호.
이은철. "왜 자살하는가?", 《건강과 생명》, 2004년 3월호.
하상훈. "생명의 끈 잇기 운동", 《건강과 생명》, 2004년 3월호.
이진천. "성경적 관점에서의 자살", 《건강과 생명》, 2004년 3월호.
이상원. "자살을 부추기는 문화", 《건강과 생명》, 2004년 3월호.
이상원. "고의적 살인에 대한 사형은 하나님 법", 《기독신문》, 제1322호.
이상원. "신용카드에서 자살까지", 《목회와 신학》, 제157호 2002년 7월.
이상원. "자살은 세계관의 문제다", 《교육목회》, 대한예수교장로회총회교
　　육자원부(통합) 제18호 (2003년 가을).

※ 집필자

　　1권 "기독교윤리 기초" - 노영상(장신대학고 교수)
　　　　공동 집필 : 김진호(기윤실), 박찬주(IVF), 김성민(SFC), 이은창(새벽이슬)
　　2권 "문화윤리" - (근간)
　　3권 "가정과 성 윤리" - (근간)
　　4권 "정치윤리" - (근간)
　　5권 "경제윤리" - 이혁배(숭실대학교 겸임고수)
　　　　공동 집필 : 김희경(기윤실), 박찬주(IVF)
　　6권 "생명윤리" - 이상원(총신대학원 교수)
　　　　공동 집필 : 박찬주(IVF), 유성희(기윤실), 김진호(기윤실)
　　7권 "환경윤리" - (근간)

※ 기독교윤리실천운동

　　기윤실은 함께 모여 선행을 격려하고, 교회와 함께 사회를 변화시키는 운동으로서 1987년 12월, 김인수 · 손봉호 · 장기려 외 38명의 발기인으로 창립되었습니다. 현재 21개 지부(해외 5개 지역 포함) 1만 2천여 명의 회원이 참여하는 운동으로 ■ 먼저 기독교인 개개인이 성경의 가르침대로 올바른 삶을 살도록 돕고 ■ 건강한 가정을 이루며 ■ 교회가 교회의 사명을 다하도록 지원하며 ■ 사회와 국가의 부정직과 부패를 개선하는 일을 하고 있습니다.

　　회원 가입 및 후원 안내 (02) 794-6200
　　우리은행 091-070798-13-201(예금주: 기독교윤리실천운동)

※ 신학위원회

　　기윤실 신학위원회는 1997년 5월 31일, 창립총회를 열고 활동을 시작하였습니다.
　　본 위원회는 성경의 원리를 실생활에 적용하며 정의로운 사회 구현을 목적으로 하는 기독교윤리실천운동을 자문하고 이 운동에 협력하여 기독교 윤리적 삶이 한국 교회와 그리스도인들에게 확산되게 함을 목적으로 합니다. 그리고 기독 대학생들이 이 운동에 참여하도록 지도 육성합니다.
　　기윤실 신학위원회 위원은 기독교윤리학을 전공하였거나 신학교와 대학에서 기독교윤리학에 관련된 과목을 가르치는 신학자로서 기윤실 운동의 취지와 행동 지침에 공감하는 분들로 구성되어 있습니다.